JN099409

英訳 橋本左内『啓発録』
自分を高める五つの心得

KEIHATSUROKU
The Five Principles of Personal Development

［訳・解題］**森 英樹**

彩流社

目次

訳 者 解 題

はじめに

　本書は『啓発録』の英訳である。『啓発録』とその著者である橋本左内に関しては、すでに多くの専門家による研究蓄積があり、その成果は専門的な論文と研究書の他、一般読者向けの解説書や現代日本語訳として出版されている。従ってここでは『啓発録』と橋本左内についての詳説は控え、訳者なりの視点で『啓発録』と向き合ってみたい。原文・英訳・現代日本語訳を適宜参照しながら、さらには西洋の価値観にも触れることによって『啓発録』を多角的に捉えようというわけである。尤も、史学的見地に立った緻密な考証の体は成していない。以下、引用に関して出典記載がない限り、原文は1977年版『橋本景岳全集』、英訳は本書所収の拙訳、現代日本語訳は本書巻末付録からの引用抜粋である。なお、橋本左内と『啓発録』の一般的な記述に関しては、末尾に掲げた文献に依拠するところが大きい。

電車の中の『啓発録』

　橋本左内の『啓発録』を初めて読んだのは高校のときである。神道の家系ではないが、妙なめぐり合わせで伊勢にある神道系の学校に通うことになり、一時期、「神道」の授業で使った教科書が伴五十嗣郎全訳注の『啓発録』だったのである。どのような授業だったか記憶はおぼろげであるが、通学の電車の中で頁を繰っていたことは覚えている。多忙な中での現実逃避だったのかもしれないが、『啓発録』から叱咤激励されていたというのもまた事実である。高校卒業後はしばらく『啓発録』に触れる機会はなかった。しかしまたしても妙なめぐり合わせで、今度は福井で働くことになった。福井は『啓発録』を著した橋本左内の生誕地である。

　神道系でなくても『啓発録』の教訓を見習うべき行動規範として取り上げる学校は多い。とりわけ福井で『啓発録』と橋本左内が注目を浴びているのは言うまでもない。『啓発録』はこれまでい

くつもの現代日本語訳や解説書が出され、何世代にも渡り日本人は読み親しんできた。『啓発録』が書かれた1848年以来、日本人が橋本左内を受け入れ、読み続けてきたのはなぜなのか。日本人の心に響く何かを『啓発録』が言い表しているからであろう。今考えれば、かつて『啓発録』が訳者にとって勇気の源泉になっていたのもそのためかもしれない。

　自己啓発本は数多いが、『啓発録』はひと味違う。幕末期の著作であり、著者は14歳の少年である。儒学の影響と武士道の価値観が全体を通して貫かれている。福井が生んだ俊才の英知によって、歴史文化に織り込まれた日本人の精神があぶり出されている。著者注に記されているが、元々『啓発録』は広く人に読ませる意図で書かれたものではない。それでも『啓発録』は歴史の中に埋もれることはなかった。時代をこえて読み継がれてきたのは、『啓発録』が後世の日本人によって、いかに学ぶか、いかに働くか、いかに生きるかを示してくれる指針として捉えられているからに他

ならない。

　時代をこえるくらいであるから、国境をこえるだけの普遍性もあるはずである。時代をこえるための手立ては現代語訳であるが、国境をこえるための手立ては英訳である。英訳と言っても、辞書を使って単語を置き換えて終わりという話ではない。英語と日本語における構造と発想の違いを踏まえた訳出が求められる。訳者は日英語対照研究をしつつ英語教育に携わってきた。今回、言語研究の知見と経験を活かして英訳を試みる機会を得たのも何かの縁だったのかもしれない。本書によって『啓発録』の認知度が国内外で少しでも高まるようであれば、訳者にとってこれに勝る喜びはない。

橋本左内について

　橋本左内は、1834年、福井藩医であった橋本長綱の長男として生まれた。左内は通称、名は綱紀、雅号は景岳である。幼少期から学問に励み、

藩儒であった吉田東篁の私塾に入門し儒学を学ん
だ。小柄で温厚な性格だったとされるが、内には
大志を秘め、1848年、14歳の若さで『啓発録』
を記した。学問を志す上で心がけるべき項目を自
ら明らかにしたのである。翌1849年には大坂
（大阪）に遊学し、適々斎塾（適塾）に入門して蘭
学者の緒方洪庵に師事した。大坂では西洋医学を
学んでいたが、父の病気のために1851年に福井
に戻り、父の没後は、最新の知識と技術を兼ね備
えた藩医として活躍した。

　しかし橋本左内の目指すところは医者ではなく、
国のために尽力することであった。学問をさらに
深めるために、1854年、江戸に遊学する。江戸
では、蘭学者の坪井信良、杉田成卿に師事して蘭
学を学ぶ一方、水戸藩士の藤田東湖、薩摩藩士の
西郷吉之助（隆盛）といった有力な志士らとの交
流を深めた。学殖豊かだった橋本左内は社会情勢
や幕政に対する識見にも優れていたことから、福
井藩主松平慶永に抜擢され、1855年には書院番
として、1856年以降は藩校明道館幹事や学監同

様心得として、福井藩の藩政改革と教育改革に参画するようになる。さらに1857年、江戸詰を命じられてからは侍読兼御内用掛に任命され、藩主側近として幕政・藩政における主要な任務を遂行するまでになった。

　その頃、通商条約締結や開国を巡る外交問題と並んで政界を二分していたのが将軍継嗣問題である。13代将軍徳川家定の後継者候補として紀州藩主徳川慶福を推す南紀派と一橋徳川家の徳川慶喜を推す一橋派が激しく対立していた。橋本左内は主君松平慶永とともに徳川慶喜を擁立すべく奔走した。欧米列強からの脅威と将軍継嗣問題で政局が混乱を極める中で国難に処するには国内体制の改革と国力の高揚が喫緊の課題であった。具体的には、将軍継嗣としては英明で人望があり、年長の者が望ましく朝廷から任命されること、諸藩有力者が適材適所に登用されること、世界情勢を鑑みてロシアとの同盟が望ましいこと、条約締結は幕府の独断ではなく勅許を得るべきであることといった構想があった。

こうした内外の情勢を踏まえた的確な構想は、ある意味、橋本左内の人生を大きく左右することになる。1858年、南紀派の中心にいた井伊直弼が大老に就任すると、徳川慶福が後継者として裁定されて将軍継嗣問題に決着がつくとともに、勅許を得ないまま日米修好通商条約の調印に至った。これに加え、一橋派の人物など幕府と対立する大名や志士への弾圧（安政の大獄）が本格化した。徳川慶喜擁立を推していた松平慶永や橋本左内も例外ではなく、松平慶永（春嶽）は1858年に隠居謹慎の処分を受け、橋本左内は1859年、25歳で斬首の刑に処せられた。

橋本左内略年譜（年齢は満年齢で記載）

1834年（0歳）	福井藩医橋本長綱の長男として生まれる。
1838年（4歳）	［松平慶永が福井藩主となる。］
1848年（14歳）	『啓発録』を著す。
1849年（15歳）	大坂遊学。緒方洪庵の適塾に入門。

1852年（18歳）　大坂から福井に戻る。父の没後、藩医となる。

1853年（19歳）　［黒船が来航する。］

1854年（20歳）　江戸遊学。坪井信良、杉田成卿らに師事し蘭学を学ぶ。

1855年（21歳）　書院番となる。

1856年（22歳）　福井に帰る。明道館幹事に就任。

1857年（23歳）　明道館学監同様心得に就任。江戸詰を命じられる。

1858年（24歳）　［井伊直弼が大老になる。徳川慶福が将軍継嗣に決まる。日米修好通商条約に調印。安政の大獄が始まる。松平慶永（春嶽）が隠居謹慎となる。］

1859年（25歳）　投獄の後、斬首となる。

『啓発録』について

　まず『啓発録』の内容について確認しておきたい。章立てとしては、「去稚心」「振気」「立志」

「勉学」「択交友」の五訓とこれらに続く著者注が1848年執筆時のもので、1857年には、学友であった矢嶋嘩（矢島立軒）による序文が冒頭に、著者後記が末尾に付されている。『啓発録』は、著者注にあるように、若者が学問を志す上での心得をまとめたものである。それぞれの大意は次の通りである。

序文（1857年、学友の矢島立軒による）
　吉田東篁の門下生であった頃の橋本左内は激しい議論に加わることもない物静かな少年だった。それでも彼の学問は進展し、橋本左内は藩校運営を任されるまでに躍進する。この成長・活躍ぶりの根源にあるのが『啓発録』である。

去稚心──未熟さを捨てる
　未熟さとは幼稚さのことで精神的に幼いことである。怠惰に過ごしたり、親に甘えたりするのは未熟さが残っているからである。未熟なうちは何をしても上達しないし、立派な人物にも

なれない。優れた武士になる第一歩も未熟な心を捨てることである。

振気——気力を奮い起こす

　気力とは負けじ魂のことで、常に気構えるのが気力を奮い起こすということである。武士の気力は凄まじく不屈の意気込みがあるはずだが、覇気のない武士が増えてきた。気力を奮い起こし、主君の恩義に報いるよう努力すべきである。

立志——志を立てる

　志を立てる上で大事なのは、何を達成したいのか意志を固め、定めた目標を堅持することである。安逸な生活をしているだけでは目標は見えてこない。志を固めたら、目移りすることなく、目標に一歩一歩近づくよう努力を続ければ必ず目標に到達する。

勉学——根気強く学ぶ

　優れた人物の振る舞いを自ら実践することが

学びである。学業の目的は、忠孝の精神を養い文武両道を目指すことである。固い決意と不断の努力によって学問に専念すべきである。そして、自らの世俗な利益のために学問を利用しないよう自重すべきである。

択交友――友人を選び抜く

　立派な人物になるには友人を選び抜く必要がある。自己成長を後押ししてくれる益友なのか、気安いだけの損友なのかの見極めが重要である。益友は気難しく付き合いにくいが、過ちや欠点を正してくれるため、積極的に親交を深めていくべきである。

著者注

　以上の五つの心得は学問を志す上で覚えておくべきことである。自己啓発の意味も込めて、備忘録として記したにすぎない。家業を継いで医者になるべき境遇であるが本望ではなく、人生で実現したいことを追求できないのが無念で

ならない。

著者後記 (1857年)

　執筆時（1848年）の自分を振り返ってみると、いかに気力にあふれていたかが思い起こされる。今の自分は気力が薄れ、当時の自分にはほど遠い。これから10年先の自分はどうなっているだろうか。自分が書いたものを読み返すと恥ずかしくなる。

なお本書の拙訳では、序文の前に訳者注（英訳にあたって）を、著者後記の後に巻末付録として現代日本語訳（拙訳の英文に依拠した現代日本語訳）をそれぞれ追加した構成になっている。

　このように自らを律する上で必要な教訓が展開されているのだが、表題だけ並べてみると一見さり気ない内容に思われるかもしれない。しかし原文を読んでいくと、一般的な自己啓発書とは異なり、忠孝の精神を始めとする儒学思想、武士道精神が根底にあることに気づく。次のような箇所で

ある（以下、漢字など原文の表記に一部改変あり）。

(1)【原文】ムカシノ士ハ平生ハ鋤鍬持土クジリ致シ居候得共、不断ニ恥辱ヲ知リ人ノ下ニ屈セヌ心逞シキ者（「振気」）
【現代日本語訳】昔の武士は、普段は野良仕事をしていたが、いかなるときでも恥とは何かを心得て不撓不屈の精神があった。

(2)【原文】富貴利達死生患難ヲ以テ其心ヲカヘ申サヌ大勇猛大剛強ノ処有之ユヱ、人々其心ニ感シ（「振気」）
【現代日本語訳】武士が尊敬され崇められたのは富と地位の誘惑に負けなかったからである。危難、困難に物怖じせず果敢に立ち向かったからである。

(3)【原文】君ノ御為ヲ働キ、天下国家ノ御利益ニモ相成候大業ヲ起シ、親ノ名マデモ揚テ（「立志」）

　【現代日本語訳】主君のために力の限りを尽く
　し、国益になると思うことをなし、武勲を立
　てて親の名さえ知らしめたいとも考えるであ
　ろう。

(4)【原文】学問ノ筋心掛、忠義ノ片端モ小耳ニ挾
　ミ候上ハ、何トソ一生ノ中ニ粉骨砕身シテ露
　滴ホトニテモ御恩ニ報ヒ度事ニテ候（「振気」）
　【現代日本語訳】学問に励み、忠義の心を培い、
　主君の恩義に報いるべく努力するのが人の道
　であろう。

(5)【原文】学ト申ハ忠孝ノ筋ト文武ノ業トヨリ外
　ニハ無之、君ニ忠ヲ竭シ親ニ孝ヲ尽スノ真心
　ヲ以テ、文武ノ事ヲ骨折勉強致シ（「勉学」）
　【現代日本語訳】学業の目的は二つある。忠孝
　の精神を培うことと文武両道を目指すことで
　ある。忠義と孝行の念を忘れず、学ぶことに
　専念しなければならない。

武士のあるべき姿が(1)と(2)では述べられている。負けじ魂を持ち、気迫に満ちた本来の武士と胆力のない近頃の武士とを対比しているのである。(3)では志を立てることと忠孝の精神が関連づけられている。自分の目指すところは、自らの利益追求ではなく、あくまで忠孝の精神が基盤であるということである。そして(4)や(5)が示すように、学問は忠孝の精神を培うものとして位置づけられ、文武両道とともに学問精励が説かれる。このように『啓発録』の中で橋本左内は、武士道と忠孝の精神を基調としながら、学問を通して内面的にじっくり自己成長を遂げるための心得を毅然と表明していく。職場ですぐ使えてすぐ効果が出るといった一時しのぎの処世術を伝授する書物ではないのである。学問に終点はなく学びは生涯続く。人生のどの段階であれ、学びの途上にある以上、『啓発録』を紐解くごとに奮起を促されるであろう。

さて、その『啓発録』の五訓は、単なる項目の羅列ではなく、それぞれに論理的な連関がある点にも注目したい。具体的に見ていくと、「去稚

心」の最後で、未熟さが気力の乏しさに結びつくことが述べられ、次の「振気」に続く。「振気」では、奮い起こした気力を保つには志を立てることが欠かせないと締めくくられ、次の「立志」につながる。「立志」の最後では、学業を怠ると目標を達成できないというように学ぶことの重要性が説かれ、次の「勉学」に続く。そして「勉学」では、学問を不当に利用する俗物にならないよう、しかるべき友人を持つことの大切さが最後に強調されて「択交友」に至るのである。また、各項目の冒頭でキーワードとなる語に定義を与えている点も用意周到である。このように全体として一貫性が保たれ、極めて理路整然と書かれているのである。

　そして何よりも14歳の著作という点が注目に値する。広範な読書経験があったにせよ、14年分の経験則に基づいて書かれたものとして『啓発録』を読むと、改めて14歳の少年の緻密な分析力と鋭敏な観察眼、そして高い倫理意識に驚かされる。橋本左内が何年先の自分を見据えて『啓発録』を

書いていたのかは知る由もないが、揺るぎない信念と大志を胸に「大丈夫」たらんと意気込んでいたことは想像に難くない。それを何としてでも遂げるために「未熟さを捨てよ」「気力を奮い起こせ」「志を立てよ」「根気強く学べ」「友人を選び抜け」と自分に言い聞かせていたに違いない。

　一方、執筆時の若さゆえに、次のような見方も出てくるかもしれない。例えば、「択交友」の中で、飲食を共にするくらいの気軽な付き合いで友情を深めるのは望ましくないと警鐘を鳴らすが、長い目で見れば、他愛もない交流を通して生涯の知己を得ることもあるのではないか。確かに、友情が育まれるきっかけや方法は一通りではなく、気楽な関係から一生付き合える仲間を得ることもある。しかし、そのように言えるのは、人生を振り返ってみて結果としてそうだったからである。そうでなかった人からはそのような結論は出ない。また、どのレベルで付き合う友人なのかという点も考慮すべきである。一生付き合える茶飲み仲間であれば、その友情を深めるには飲食を共にする

のが最適であろう。一生付き合える仕事仲間であ
れば、職場で切磋琢磨したり、協力して困難を乗
り越えたりといったことを通して友情が深まる。
従って、学問を志す上で求められる友人なら、気
軽な付き合いを通して友情は深まらないのである。

　さらに執筆時の時代背景が異なることから、叙
述のすべてが現代の文脈に適合するわけではない。
これを時代錯誤や普遍性の欠如で片付けてしまう
のはあまりに性急である。むしろ、古今の世相、
自他の文化を比べる手がかりとして位置づける方
が建設的であろう。一例として、恥の概念と職務
に対する価値観について、英語圏の文献と関連づ
けて一考察を加えてみたい。

　まず「振気」の中で、気力に乏しく恥を知らな
い武士が増えてきたことに対して橋本左内は嘆い
ている。ここから垣間見えるのは日本文化（武士
道精神）における恥の重要性である。恥という概
念・感覚を持つのが日本人特有というわけではな
いが、恥が日本文化の中で重要な位置を占め、日
本人の思考や行動を規定しさえもするという点で

特異だと言える。こうした恥の文化は、人類学者ルース・ベネディクトによって、罪の文化と比較対照されている。1946年に書かれた『菊と刀』（以下の抜粋は2005年の長谷川訳から）を見てみよう。

> さまざまな文化の人類学的研究において重要なことは、恥を基調とする文化と、罪を基調とする文化とを区別することである。道徳の絶対的標準を説き、良心の啓発を頼みにする社会は、罪の文化（guilt culture）と定義することができる。（p. 272）

> 日本人は恥辱感を原動力にしている。〈中略〉恥を感じやすい人間こそ、善行のあらゆる掟を実行する人である。「恥を知る人」という言葉は、ある時は'virtuous man'〔有徳の人〕、ある時は'man of honor'〔名誉を重んずる人〕と訳される。（p. 274）

恥と罪の二項対立ですべての文化の型を捉えられ

るわけではないが、少なくとも日本文化の本質を浮き彫りにしてくれる。恥を恥とも思わない武士の登場は武士道精神の退廃と衰退を示唆する。橋本左内は往時の勇壮な武士の姿を懐古し、美化しているのではない。ベネディクトの日本文化論・日本人論と引き付けて考えれば、橋本左内は日本人の根幹を成す部分が朽ち始めてきた点に深く切り込んでいるとも解釈できるのである。

　続いて、職務への姿勢について考えてみよう。「勉学」の中では、平時であれ、戦時であれ、与えられた任務に誠実に取り組む姿勢の重要性が強調されている。ところで、拙訳を知人のオーストラリア人に読んでもらった際、その知人の脳裏によぎったのはエルバート・ハバードのエッセイ「ガルシアへの手紙」だったという。脚色もあるがエッセイの内容はこうである。米西戦争下、アメリカのマッキンレー大統領は、キューバ独立運動の反乱軍リーダー・ガルシア将軍に手紙を至急届けなければならなかった。しかしガルシアの確かな居場所を誰も知らない。声のかかったローワ

ン中尉はそれでも大統領から手紙を受け取り、現地に出向き、託された手紙をガルシアに届けて無事帰還する。ローワンはあれこれ質問を投げかけて渋々引き受けたのではない。困難を承知で自主的にすぐさま行動に移し、任務を完遂したのである。以下の抜粋は2023年の三浦訳からである。

　注目すべきは、次の点である。マッキンレー大統領がローワンにガルシアへの手紙を渡した際に、彼は「ガルシアはどこにいるのですか」と聞かず、その手紙を黙って受け取ったというところである。(p. 19)

　若い人たちに必要なのは、学校における机の上の勉強ではなく、また、あれこれの細かな教えでもない。ローワンのように背骨をビシッと伸ばしてやることである。自らの力で物事に取り組もうという精神を教えることである。勇気を教えてやることである。そうすれば若い人たちは、信頼に忠実に応えられる人物、すぐ行動に

　移すことができる人物、精神を集中できる人物
となり、そしてガルシアに手紙を持っていく人
物となるであろう。(p. 20)

　一つのことに集中できない、また、やろうとも
思わない者がたくさんいる。まったくあてにな
らない手助け、ばかな不注意、どうしようもな
い無関心、いいかげんな仕事の遂行が当たり前
になっているのだ。(p. 21)

　私の心が引きつけられる人とは、上司がいよう
と、上司がいまいと、自分の仕事をきちんとす
る人である。(p. 29)

ここで描かれるローワン（ガルシアに手紙を持って
いく人物）は、見ようによっては、主君松平慶永
の命を受けて国事奔走した橋本左内の姿と重なら
なくもない。「ガルシアへの手紙」は1899年にア
メリカで出版されて以来、多くの言語に翻訳され
て世界中で読まれるようになった。自主的な行動

と職務に対する誠実さの価値が見てとれ、高い労働倫理や精神の陶冶を説く『啓発録』との類似性が高いように思われる。ハバードと橋本左内の論点が同一というわけではないが、困難を乗り越える上で、自主的な行動、不断の努力、集中力が求められるという点において両者の見解は一致するであろう。こう考えると『啓発録』は世界に通用する思想を内包しているとも言える。

英訳について

　拙訳では、英語としての読みやすさと分かりやすさを重視し、逐語訳をしていないところが随所にある。特に現代社会や海外であまり馴染みがない事物・概念、歴史的・地理的な背景知識が必要な人名・地名、概念の訳し分けによって煩雑になりそうな箇所については、一部省略、表現の一般化や単純化などによって、注釈なしで読み進められるようにした。原文に忠実な英訳であっても文意がつかみにくくなるのを避けたかったのである。

ただ、こうした改変によって、原文にある表現の厚みや広がり、格調高い語調が減じられることは否めない。該当箇所をいくつか挙げておく。

(1) 日本史の背景知識が必要な時代名・時代背景
　【原文】源平ノコロ並ニ元亀天正ノ間マテハ（「去稚心」）
　【英訳】In earlier feudal times
　【現代日本語訳（拙訳）】かつての封建時代には
　【現代日本語訳（伴訳）】源氏や平氏が活躍した時代から、織田信長など群雄が割拠した時代ごろまでは

(2) 日本史の背景知識が必要な人名
　【原文】福島左衛門大夫・片桐助作・井伊直政・本多忠勝等ガゴトキ者（「振気」）
　【英訳】legendary heroes
　【現代日本語訳（拙訳）】伝説の英雄たち
　【現代日本語訳（伴訳）】豊臣秀吉の家臣で、賤ヶ岳の七本槍で名高い福島正則や片桐且元、

徳川家康の家臣で、徳川四天王に数えられる
井伊直政や本多忠勝のような名誉の士

(3) 地理的な背景知識が必要な地名
【原文】今朝一度御城下ヲ踏出シ候ヘハ、今晩
ハ今荘明夜ハ木ノ本ト申ス様ニ（「立志」）
【英訳】they come closer to Edo day by day
【現代日本語訳 (拙訳)】日ごとに江戸に近づき
【現代日本語訳 (伴訳)】朝福井城下を出発すれ
ば、その夜は今庄、翌晩は木の本の宿場とい
うように

(4) 現代社会や海外ではあまり馴染みがない遊戯
【原文】人ニ在テハ竹馬紙鳶打毬ノ遊ヒヲ好ミ、
或ハ石ヲ投ケ虫ヲ捕フヲ楽ミ、或ハ糖菓蔬菜
甘旨ノ食物ヲ貪リ（「去稚心」）
【英訳】Immature children are preoccupied with
playing outdoor games, collecting insects, and
eating sweet food
【現代日本語訳 (拙訳)】幼稚な子どもは、外で

遊んだり、虫を捕まえたり、甘い物を食べた
りすることで頭がいっぱいである

【現代日本語訳（伴訳）】人間でいえば、竹馬・
凧・まりけりをはじめ、石投げや虫取りなど
の遊びばかりに熱中し、菓子や果物など甘く
ておいしい食物ばかりをむさぼり

⑸ 訳し分けによって煩雑になる概念

【原文】偖右様志ヲ立候ニハ物ノ筋多クナルコ
トヲ嫌ヒ候（「立志」）

【英訳】When you set your ambition, do not be
distracted by multiple ways to reach your
destination

【現代日本語訳（拙訳）】志を立てるとき、目標
まで道がいくつもあるからといって気を取ら
れてはならない

【現代日本語訳（伴訳）】さて、右のような志を
立てる上で注意すべきことは、目標に到達す
るまでの道筋を多くしないことである

日本史の知識や福井の地理に詳しくないと理解しにくいのが(1)〜(3)である。拙訳では、歴史上の特定の時代名や人名をより一般的な表現に改め、福井の地名によって江戸に近づくことを暗示するのではなく直接表現した。(4)には、現代社会や海外において馴染みが薄いと思われる遊戯が含まれているが、抽象度を上げた表現に変えることで注釈なしで理解できる英訳とした。(5)は「立志」の箇所全体に関わる点である。原文の「志」は意味合いとして「心に定める目標・目的」や「目標達成を目指す心持」などが考えられるが、英語におけるコロケーションと明確化を勘案し、基本的に"ambition"を用いることにした。区別が厳密になりすぎて全体として煩雑になるのを防ぐためである。

　さらに拙訳では、なるべく英語らしい表現となるよう原文の日本語の表現形式とは異なる文法構造を用いて訳したところが多い。日英語対照研究を通して、両言語における発想の違いや表現の仕方の違いが明らかにされつつある。こうした言語学的な知見は、翻訳の現場でも活用されている

（安西 2000）。本書においても、日英語の違いを踏まえた自然な英訳・現代日本語訳になるよう心がけた。参考までに、主語の訳出、主語の種類、名詞志向、主観性に関連する該当箇所（下線は追加）を挙げておく。

(1) 主語の訳出

【原文】気一旦振候ヘハ方ニ志ヲ立候<u>事</u>甚大切ナリ（「振気」）

【英訳】<u>it</u> is essential that <u>you</u> set your ambition after bracing your spirit

【現代日本語訳】気力を奮い起こした後は志を<u>立てること</u>が不可欠である

(2) 主語の種類

【原文】平生安楽無事ニ致シ居リ心ノタルミ居候時ニ立事ハ<u>ナシ</u>（「立志」）

【英訳】<u>No ambition</u> can arise from an idle life or a relaxed mind

【現代日本語訳】だらだら過ごし、気が緩んで

いては志が何なのか見えてこない

(3) 名詞志向
【原文】此心毛ホトニテモ残リ是有ル時ハ、何
事モ上達致サス、迚モ天下ノ大豪傑ト成ル事
ハ叶ハヌ物ニテ候（「去稚心」）
【英訳】Even the slightest immaturity prevents
you from improving yourself and maturing into
a great person
【現代日本語訳】未熟なところが少しでもある
と何をしても伸びず、立派な人物として成長
できない

(4) 名詞志向
【原文】此等ノ事ヲ致シ候ニハ、胸ニ古今ヲ包
ミ、腹ニ形勢機略ヲ諳シ蔵メ居ラスシテハ叶
ハヌ事共多ク候ヘハ（「勉学」）
【英訳】Most of these missions require extensive
knowledge of the past and present
【現代日本語訳】これらの任務を遂行するには

古今の幅広い知識が必要なことが多い

(5) 主観性

【原文】有事ノ時吾危難ヲ救ヒクレ候者ニテハ
ナシ（「択交友」）

【英訳】nor helps you at difficult times

【現代日本語訳】困ったとき救いの手を差し伸
べてくれる仲でもない

英語では命令文以外、文には必ず主語がある。(1)
が示すのは、原文では動作を行う主体が明示され
ていないが、英語で文として訳す際は主語（you）
を補う必要があるということである。一方、「甚
大切ナリ」の主語は「〜事」だが、日本語にはな
い形式主語（it）を使って訳出している。主語の
種類の違いは(2)から分かる。英語では否定語（no
ambition）が主語として使えるのに対し、日本語
では否定語は文末に来るという構造的な違いがあ
る。(3)と(4)は英語の名詞志向を示す例である。原
文および現代日本語訳で「有ル時ハ」「あると」、

「致シ候ニハ」「遂行するには」となっている動詞表現を名詞句の主語（the slightest immaturity と most of these missions）として訳し、英語の名詞志向の特徴を反映させた。(5)の「〜てくれる」は話者（あるいは話者に近い人物）にとっての恩恵表現で、話者視点を反映した主観的な表現である。英語には「〜てくれる」に直接対応する語彙がないため、「誰かが誰かを助ける（助けない）」というように、第三者視点による客観的な描写表現にならざるを得ないのである。

おわりに

　2024年は橋本左内生誕190年の年である。奇しくも北陸新幹線福井・敦賀開業の年であり、橋本左内が江戸遊学した1854年から170年目でもある。この間、江戸は東京へと急速に様変わりした。生まれたものもあれば失われたものもある。『啓発録』に綴られた若き日の橋本左内の覚悟と信念が、加速し続ける変化の中にあっても「急流中底之

柱」として、時代と国境をこえて受け継がれることを願ってやまない。

　本書の出版にあたっては、多くの方々からご理解とご協力をいただいた。出版は彩流社が引き受けてくださった。取締役社長の河野和憲氏には終始迅速かつ臨機応変にご対応いただいた。福井市立郷土歴史博物館元館長で福井県立大学客員教授の角鹿尚計氏には『啓発録』関係史料についてご教示賜った。また、福井市立郷土歴史博物館からは橋本左内肖像画像データの使用許諾をいただき、福井県立大学からは2023年度個人研究推進支援（出版支援）の助成金をいただいた。節目の年に合わせて拙訳を一書にまとめることができたのはこうしたお力添えの賜物である。この場を借りて御礼申し上げる。末筆ながら、何かと支えてくれた妻の労を思うと感謝の念に堪えない。

　　2023年12月

森英樹

参考文献

・安西徹雄（2000）『英語の発想』筑摩書房

・大津寄章三（2011）『幕末の先覚者　橋本左内——幼なごころをうちすてた十五歳の決意』明成社

・景岳会編（1943）『橋本景岳全集』畝傍書房／復刻版（1977）『橋本景岳全集』（続日本史籍協会叢書）東京大学出版会

・紺野大介訳（2005）*Treatise on Enlightenment*, 錦正社

・瀬戸謙介（2023）『14歳からの「啓発録」』致知出版社

・角鹿尚計（2011）『橋本左内って知ってるかい？』福井市立郷土歴史博物館

・角鹿尚計（2012）『やさしい啓発録』福井市立郷土歴史博物館

・角鹿尚計（2023）『橋本左内——人間自ら適用の士有り』ミネルヴァ書房

・中川武夫訳（2008）*Enlightenment*, Hakusan Motherland University Press

・夏川賀央（2016）『啓発録』致知出版社

・長谷川松治訳（2005）『菊と刀——日本文化の型』講談社［原書：Ruth Benedict（1946）*The Chrysanthemum and the Sword: Patterns of Japanese Culture*］

・伴五十嗣郎全訳注（1982）『啓発録──付 書簡・意見書・漢詩』講談社
・福井市立郷土歴史博物館編（2009）『橋本左内と安政の大獄』福井市立郷土歴史博物館
・福井テレビジョン放送編（2019）『橋本左内──時代を先取りした男』扶桑社
・三浦広訳（2023）『ガルシアへの手紙』角川書店［原書：Elbert Hubbard（1899）"A Message to Garcia"］
・山口宗之（1962）『橋本左内』吉川弘文館

橋本左内肖像（島田墨仙画・福井市立郷土歴史博物館蔵）

Sanai Hashimoto

Keihatsuroku

The Five Principles of Personal Development

Translated by Hideki Mori

Translator's note

This is a new English translation of the Japanese historical text *Keihatsuroku*. The literal meanings of *keihatsu* and *roku* are "enlightenment" and "a record," respectively. In my opinion, however, "personal development" better represents the message of the text than "enlightenment" because it discusses the five principles of personal development. Therefore, I entitled this new translation *Keihatsuroku: The Five Principles of Personal Development*.

The text was written in 1848 by Sanai Hashimoto, aged 14, as a guide for children as they pursued learning. This translation relies on the original text of *Keihatsuroku* included in the 1977 edition of Hashimoto's collected works. Furthermore, I referred to the contemporary Japanese translation with annotations by Isoshirō Ban (1982) and the existing English translations, i.e., *Treatise on Enlightenment* by Daisuke Konno (2005) and *Enlightenment* by Takeo Nakagawa (2008). For clarity and readability, this version does not translate verbatim every part of the original text.

Sanai Hashimoto was born in Fukui, Japan, in 1834. As guided by *Keihatsuroku*, he diligently studied literary and martial arts from childhood and developed into a person who made a major impact on the future of Japan. However, in 1859, when he was 25, his dreams and visions were shattered; he was executed during the Ansei Purge. *Keihatsuroku* is one of his legacies that has provided us with insights into the way of life as well as learning for generations. Some of Hashimoto's lessons about attitudes and practices may not fully agree with current-day values because of differences in context; however, this historical text will help us better understand the Japanese mind and soul that are interwoven with Japan's history and culture.

I am grateful to the editorial team at Enago (www.enago. jp) for their helpful suggestions for stylistic improvements. Moreover, I would like to thank John Field for sharing valuable feedback on the manuscript and John Judge for bringing to my notice a 19th-century Western document on the virtues of initiative and perseverance.

Hideki Mori
December 2023

Foreword to *Keihatsuroku*

Together, Keigaku (Sanai) Hashimoto and I pursued learning under Tōkō Yoshida's guidance. Many of Yoshida's disciples were eloquent, high-spirited, and independent. They often argued over social issues, clapping their hands; some became so excited that they suddenly stood and began dancing. Perhaps they thought, pessimistically, that their studies could not connect with society's needs, so their knowledge would be of no practical use. At that time, Sanai was a thin, graceful pupil as young as 14 or 15. Unlike those lively fellows, he always sat properly, looking down without saying a word or expressing himself. I used to wonder what he was thinking.

Following our studies under Yoshida's guidance, Sanai went to Kyoto and Osaka, where he studied hard for a few years; however, he returned to Fukui for family reasons. I visited him immediately to see what he had learned, finding him really knowledgeable and thoughtful. Everything he wrote and discussed was logical and well-grounded, not arbitrary. His intellectual growth surprised me. Reflecting on myself during that same period, I realized that I had not grown. Indeed, most fellows with whom I once disputed had not changed very much either. Some, who used to seem vigorous, had become unrecognizably quiet, dissipating like smoke or a cloud. This made me realize that superficial vigor was unimportant and that Sanai had grown from a different starting point.

After spending three years in Fukui, Sanai then continued his studies in Edo. Our communication was interrupted, and I only heard about his progress. Some time later, however, I also received a chance to study in Edo. When I visited Sanai at his dormitory, he was sitting under his window, studying hard. He welcomed me warmly and shared what he had learned. I noticed that his knowledge was advanced and up-to-date. Above all, it was practical. He grew up to be fully capable of governing and benefiting society. In fact, he intended his knowledge to be socially useful, and reputable figures in Edo applauded his capability.

Whenever I saw Sanai, I noticed that he had acquired some new knowledge, and his knowledge became more practical on each occasion. I had no idea what enabled him to grow in such a way. After I left Edo, Sanai stayed another year to continue his studies. His learning advanced progressively and powerfully, just like spring seawater. His attainments had no limits. With his potential recognized, he was selected as dean of Fukui

Domain School.

Sanai recently showed me *Keihatsuroku*, which he had written during his childhood, and asked me to write a foreword. I read his piece of writing and found every part of the text full of principles of loyalty and filial piety. In addition, his vigor, exuberant between the lines, encourages readers and braces their spirits. Based on the name of the era written on the final page, I counted back on my fingers to when he wrote *Keihatsuroku*—about ten years ago, when he and I were studying together under Tōkō Yoshida's guidance and the other disciples engaged in heated discussions.

The core of learning consists of loyalty and filial piety. Sanai was already aware of that a decade ago, so no wonder his learning continued to advance. *Keihatsuroku* dispelled the mystery of his extraordinary growth. In retrospect, the disciples of the day, including me, released their energies and emotions through boisterous behavior. Conversely, Sanai reserved his vigor without expressing himself, and that reserved vigor manifested itself in his learning as he grew older.

Now, as dean of Fukui Domain School, Sanai is positioned to put his learning to practical use. He was a taciturn pupil but has rendered his learning practical and useful to society.

Obviously, he is greater than the fellows who lost vigor through vociferous argument. Reading *Keihatsuroku*, I flushed with shame for a while, but I have written down my shame as a foreword.

Akira Yajima
May 12, 1857

Keihatsuroku

Eliminate immaturity

Immaturity refers to childishness or having a childish mind. When fruit and vegetables are unripe, that is, immature, they are tasteless. During immaturity, nothing comes to fruition or completion.

Immature children are preoccupied with playing outdoor games, collecting insects, and eating sweet food. They are always looking for an easy way and for a chance to neglect their studies or exercise. They also depend on their parents or ask their mother for protection against their strict father or older brother. This juvenile behavior results from a childish mind. Young children may be childish, but once you have turned 13 or 14 and if you aspire to learn, you must cease your immaturity. Even the slightest immaturity prevents you from improving yourself and maturing into a great person.

In earlier feudal times, some boys as young as 12 or 13 left their parents and joined the army, and they were widely recognized for their military exploits. They could accomplish such feats because they had left their immaturity behind. If they had been immature, they would not have been independent of their parents, much less able to perform distinguished feats in battle.

Immaturity also adversely affects morale. Having a remnant of immaturity prevents a warrior from developing full morale and vigor. Eliminating immaturity is the first step toward becoming a warrior worthy of the name.

Brace the spirit

The *spirit* is born of an indomitable will and a feeling of shame coming from defeat or dishonor, so bracing the spirit means trying to be vigilant and remaining undaunted in any situation. This type of spirit is common to all creatures, including birds and beasts. They become aggressive when they are terribly offended, and this applies all the more to humans when they are insulted. Among humans, warriors are best endowed with the spirit generally known as the warrior spirit. No matter how young a warrior may be, no one dares insult him, not from fear of his martial arts skills or social status but of his spirit.

However, as warriors enjoy prolonged peace, their spirits weaken. They neglect their martial arts training despite coming from a warrior family. They flatter others, desire higher ranks, pursue women, seek their own advantage, and follow the crowd. They are neither vigorous enough to be invincible nor ashamed of defeat. Although they wear swords as if they were true warriors, they are less respectable than plebeians, such as street merchants and errand boys. For warriors to flinch at a thunderclap or a dog's bark is a terrible disgrace.

Commoners honor warriors by addressing them with their titles of honor, not because warriors deserve respect but simply because they serve the domain's lord, whose majesty holds people in awe. Warriors of the past, who normally engaged in agricultural work, knew what shame meant and upheld an unyielding spirit at all times. In emergencies, they immediately left their agricultural duties to engage in military service under the command of their Emperor or Shogun, leading a group of fierce soldiers. They earned lasting fame when they won; their bodies were left behind on the battlefield when they lost. Warriors were respected because they could withstand the temptation of wealth and status; they were revered because they were intrepid and dauntless in the face of life-or-death matters or any other challenge.

Warriors of today lack bravery, moral values, and strategic thinking. Unsurprisingly, they are incapable of rushing into enemy lines where they would play a prominent role or of contemplating military operations to secure victory. Deprived of their swords, warriors should be inferior even to commoners in many ways, especially in terms of spirit and prudence. Peasants work arduously every day; artisans and merchants are always mindful of their business. If a war were to occur, those diligent workers, not warriors living in peace and quiet, would accomplish glorious achievements, just as legendary heroes did. This situation is absolutely deplorable.

Thanks to their lord's enormous favor, poor-spirited warriors still enjoy the privileges of a high stipend, an exalted status, and an easy life. However, far from returning the favor, they are liable to bring shame on their lord in an emergency situation—the thought of which should make them feel too bad to sleep or eat well. Our ancestors served their country and rendered outstanding services, but their descendants are granted a stipend and a homestead without contributing significantly to the country. They should feel morally obliged to strive to return their lord's favor by studying assiduously and developing loyalty to him.

You must brace your spirit to maintain your loyalty. The spirit wanes without ambition, just as ice melts over time or a drunken person sobers up. Thus, it is essential that you set your ambition after bracing your spirit.

Develop an ambition

An *ambition* denotes the orientation of your mind or the goal you are determined to reach in life. Anyone bred to be a warrior should nurture loyalty and filial piety. If you develop these traits and understand how important it is to respect your lord and your parents, you will seek to take good care of yourself and discipline yourself first. You should be motivated to dedicate yourself to literary and martial arts to become as great as ancient heroes or sages. You will also desire to work devotedly for your lord, do what you think benefits the country, and even raise your parents' esteem as parents of a great warrior through your exploits. Certainly, the last thing you want to do is to lead an idle, aimless life. This is how your ambition begins to take shape.

Developing your ambition entails firmly deciding what you wish to achieve and then adhering to that decision. Ambitions may arise from insights provided by books, teachings of teachers or friends, challenges, and inspirational experiences. No ambition can arise from an idle life or a relaxed mind. People without ambition are no better than worms with no soul. Without ambition, you will never grow; with ambition, you will grow constantly, just as fertilizers help plants grow. Men of great intellect and nobility in history, like the rest of us, were not born with four eyes and two mouths. Instead, they set themselves a robust ambition, which ultimately brought them nationwide fame. Most people die without doing anything particularly significant because their ambitions are not as robust as those of great people.

Those who have developed an ambition are, as it were, wayfarers who decided to leave their hometowns for Edo, the capital city. Even if their legs are weak, they come closer to Edo day by day. They will reach their destination in the end. Becoming a hero or sage can be compared to arriving in Edo. If you eliminate traits inappropriate for a great person after setting your ambition to become great, you will reach your goal one day, although your knowledge and skills may be insufficient at the beginning.

When you set your ambition, do not be distracted by multiple ways to reach your destination. You must stick to one route. For example, leaving a house unlocked attracts burglars and dogs from different places, making it impossible to watch over your unlocked house alone. Others can assist you in guarding your house, but they cannot guard your mind. Avoid distractions to make it easier for you to watch over your mind yourself. It is only natural for children to be distracted by what others are doing. If they see someone write poetry or prose, they will want to do the same. As soon as a friend of theirs begins to practice spearmanship, they will throw aside their own practice of swordsmanship to begin learning spearmanship. Distraction is the chief cause of leaving an ambition unfulfilled.

Once you have grown up enough to think sensibly, ask yourself what you really want to achieve in life and what you must do to realize that goal. Then, ask your teachers and friends for guidance and advice. Be single-minded and keep focused; otherwise, you will be at a loss about what to do and how to do it. Distraction causes indecision. The wavering of your mind suggests that your ambition has yet to take shape. You cannot become great before you entertain an unwavering ambition with a single mind.

A shortcut to developing an ambition is to write the words and sayings from the classics or history books that have impressed you on a wall you frequently see or on your folding fan so that the quotations catch your eye at every opportunity. Then, you must reflect on yourself and try to correct your shortcomings while hoping for progress. After developing an ambition, pursue learning. If you neglect learning, your ambition will not consolidate sufficiently to accomplish your goal. Even worse, your intelligence and moral virtue will decline.

Learn with perseverance

Learning means understanding good deeds of great people and putting them into practice. Therefore, the original meaning of *learning* is to emulate someone's virtue, such as when you notice loyalty or filial piety in a person's behavior. This original meaning was later misunderstood as referring to writing poetry and prose or reading books. Creative writing and reading are similar to an annex to learning. These activities are to learning what hilts or sheaths are to swords or what ladders or stairs are to upper floors. It is absurd to associate learning with composing literary works and reading books.

The aim of learning is twofold: first, to cultivate a mind of loyalty and filial piety; second, to pursue literary and martial arts. You must attend to your studies with unswerving loyalty and filial piety toward your lord and parents. If you are ordered to serve a feudal lord during times of peace, you should correct the lord's mistakes and promote his virtue. If you are assigned the role of a public servant, you must manage affairs impeccably, without any misconduct such as displaying partiality or accepting bribes. Consequently, your colleagues will respect your work ethic and stand in awe of your dignified attitude.

During wartime, however, each person must necessarily perform his duty in defeating foreign enemies and quelling social unrest. You may have to brandish swords and spears on the battlefield to secure victory. Perhaps, inside a camp, you must elaborate an operational plan to annihilate enemy forces; alternatively, logistics might be your duty. You will then be in charge of procuring food and weapons to ensure that the troops do not starve or lose strength. You should brace yourself for such pressing circumstances.

Most of these missions require extensive knowledge of the past and present. You must also be thoroughly acquainted with every possible strategy for dealing with ever-changing circumstances. Therefore, it is vital to commit yourself to learning, extend your knowledge by reading books, and cultivate your mind. Because young minds are capricious, children lose interest easily and become bored doing the same thing more than once. Enthusiasm for reading, for example, does not last long, and interest shifts suddenly from writing to martial arts training; this demonstrates a bad attitude toward learning.

Perseverance means to continue exerting your utmost effort. You cannot accomplish anything without firm resolve and persistent efforts. Learning reveals fundamental rules and logical reasoning. Unless you abandon the flippant attitudes of fickle children, you can never grasp the true principles of behavior or develop your knowledge and skills to be useful for society.

Many snobbish people cannot resist boasting about their learning, exploiting it for fame and wealth, or showing off their talents. Obviously, you should discipline yourself not to be snobbish, but words of admonishment from good friends can contribute greatly to your discipline. Friends of choice not only help you behave yourself but also promote your virtue and improve your morals.

Select your friends

A *friend* is a person who keeps you company; to *select* friends means to choose the best with due care. You must treasure your friendships with peers who are happy to keep you company. Notice, however, that some friends help you, but others do not. This is why selecting your friends is important. The wrongs of unhelpful friends must be corrected under your influence and guidance. If you have helpful friends-to-be, cultivate their friendship, seek their advice at every opportunity, and behave with them like brothers. No person is harder to find than a helpful friend. If you have even one, you should endeavor to maintain that friendship at any cost.

Friendships must be deepened by studying together, practicing martial arts through friendly competition with each other, and exchanging thoughts on the way of the warrior. Casual interactions, such as having a meal, traveling for pleasure, and going fishing, are not recommended for building friendships. A casual friend may behave in a cheerful and friendly way, calling you a close friend, but this person neither promotes your virtue at ordinary times nor helps you at difficult times. Therefore, you must not meet him often. When you see him, take care not to be too casual to preserve your sense of decency. What you should do as his friend is to put him on the right track and guide him to become interested in literary and martial arts.

Helpful friends can be difficult and sometimes displeasing, which is the very reason that they are helpful. According to one of the Chinese classics, you will never lose your reputation as long as you have friends who admonish you for your faults.

These are helpful friends. They criticize you for doing wrong, thereby rectifying your mistakes and shortcomings that might otherwise be overlooked. Imagine a feudal lord who avoids servants who admonish him for his faults. He will ultimately face severe punishment to make amends for his wrongs or may suffer a calamity as a result of his mistakes. Those who avoid helpful friends because they dislike receiving criticism are no different from this lord.

Helpful friends can be discerned by the following five qualities: integrity, thoughtfulness, decisiveness, intelligence, and broad-mindedness. In general, those with these traits may be difficult and may not be welcome in society. By contrast, unhelpful friends, who flatter and blandish others, are pleasant and easy to get along with. Their worldly wisdom and character may commonly be appreciated, but note that unhelpful friends are frivolous and flippant by nature. If you are determined to become a great person, select your friends using a rigorous set of standards.

Author's note

Children should take these five principles to heart as they pursue learning. I read a wide range of Chinese classics and history books under my father's guidance, but I doubted my progress and wept before bed every night. I was weak-willed and lazy. However, inside my heart, I was thinking hard about how I could become great enough for my father and mother to be acknowledged as parents of a great man. How could I be helpful to my lord and showcase my ancestors' exploits to the world? After realizing what is important when attempting to achieve these goals, I have written the five guiding principles of self-improvement as a reminder to myself rather than to others.

As the eldest son born into a medical doctor's family, I have to acquire detailed medical knowledge and skills to succeed my father. However, becoming a doctor is far from my ambition. It is disappointing that I cannot pursue what I desire to achieve in life. That said, surely someone in the future will understand my heart, sympathize with my unfulfilled ambitions, and support my convictions.

Postscript 1857

Keihatsuroku is a precept I wrote nearly ten years ago. It is a shallow piece of writing, but the text reminds me how ambitious I was then. I am now nowhere close to what I was in spirit. This manuscript was accidentally found in an old box. I made and shared a fair copy with my dear friend Tatsugorō Mizoguchi and my blood brother Takuma to guide and inspire them. My vigor has weakened over the past ten years; I wonder how vigorous I will be ten years from now. Reading over what I wrote makes me blush with shame.

Keigaku (Sanai Hashimoto)
May 1857

付録　英文の日本語訳

英訳にあたって

　本書は日本の歴史的文献 *Keihatsuroku*（『啓発録』）
を英訳したものである。原題の *keihatsu* と *roku* は、
文字通り訳せば、"enlightenment"（啓発・啓蒙）と
"a record"（記録）である。ただ、原書で論じられて
いるのは自己啓発のための五つの心得であり、こ
の点を踏まえると、訳語は "enlightenment" とする
だけより "personal development" とした方が趣旨に
近づくように思われるのである。そういうわけで英
語版の題名はあえて *Keihatsuroku: The Five Principles
of Personal Development* とした。

　原書『啓発録』は、1848年、橋本左内が14歳
のときに記したもので、学問を志す若者のための
手引きである。本書の英訳は、1977年版『橋本
景岳全集』所収の原文に基づく。合わせて伴五十
嗣郎氏による注釈付きの現代日本語訳『啓発録』
（1982年）の他、紺野大介氏による英訳 *Treatise on
Enlightenment*（2005年）と中川武夫氏による英訳

Enlightenment（2008年）も参照させていただいた。なお、本書では英語による分かりやすさと読みやすさを考慮して逐語訳を施していない箇所がある。

　橋本左内は1834年に福井で生まれた。『啓発録』に導かれるかのように、幼い頃から学問武芸に打ち込み、日本の将来に大きな影響をもたらす人物へと成長した。しかし、彼が抱いた夢と志は25歳で打ち砕かれる。1859年、安政の大獄で処刑されたのである。遺された『啓発録』は幾世代にも渡り読み継がれ、学び方と並んで生き方の指針ともなっている。ただ、当時と今の世相の違いから、思考様式や行動規範など現代の価値観とそぐわないことも記されている。だとしても日本の歴史文化に織り込まれた日本人の精神がいかなるものか、『啓発録』を読み解くことで、より一層分かりやすくなるだろう。

　本書の英語の文体に関して、エナゴ編集チーム（www.enago.jp）から数々の助言をいただいた。この場を借りて御礼申し上げる。また、原稿に対して貴重なコメントをしてくださったジョン・フィ

ールド氏、内容に関連して西洋における自主性と
根気強さの価値を述べた19世紀の文書を教えて
くださったジョン・ジャッジ氏にも感謝したい。

2023年12月

森英樹

『啓発録』序文

　橋本景岳（左内）と私は学友で、吉田東篁先生の指導の下、ともに学問に励んだ仲である。門弟の多くは弁が立ち、志も高く、自立心があった。社会の問題について手を打ち鳴らしながら議論し合ったものだ。中には感情が高ぶる余り、急に立ち上がって舞い出す者もあった。自分の勉強と社会で求められるものが結び付かず、せっかくの知識も社会で役立たないと悲観的になったのかもしれない。当時、左内は14歳か15歳で容姿のすぐれた細身の門下生であった。口角泡を飛ばす門弟たちをよそに何も言わずうつむいて行儀よく座っているのが常で、左内は何を考えているのだろうといぶかしかった。

　その後、左内は京都と大阪で、数年、勉学に励んだが、家の事情で帰郷することになった。何を学んできたのか気になって、すぐさま彼のところに出向いてみた。実に知識豊かで思慮深くなっていた。書くこと話すことすべてに筋が通り、論拠

があった。一つとして勝手なところがないのである。彼の学問がここまで進んでいるのは驚きだった。同じ時期の自分を省みてもこのような成長はなかった。かつて論議を交わした門弟の多くも大して変わっていない。当時意気盛んに見えた者も今となっては見分けがつかないほど物静かな男である。まるで雲や煙が跡形もなく立ち消えたかのようである。このような次第で、うわべだけ意気込んでいても何ということはなく、別の何かが左内の拠り所になっていると気づいたのである。

　左内は福井に3年、留まった後、今度は江戸で勉強を続けた。彼とのやりとりは途絶えがちになり、勉強が進んでいるということを人づてに聞くのみとなった。そうこうして私も江戸で学ぶ機会が得られた。左内のいる宿舎を訪れてみると、窓の下で勉強に打ち込んでいた。私を温かく迎え入れ、江戸でどういうことを学んだのかを教えてくれた。彼の知識は一段と高まり新しくなっていた。何より実践的であった。世の中を治め、社会に益をもたらすまでに成長していたのである。現に、

知識を社会で役立てることこそ彼の目指すところ
であり、彼の実力は江戸の著名人たちの称賛の的
であった。

　会うたびに左内は何か新たなものを吸収してい
た。しかもそのたびに知識の実用性が増している。
彼がどうしてこうも成長を遂げるのか見当がつか
なかった。私が江戸を離れた後も、左内はさらに
1年、江戸で勉強を続けた。打ち寄せる春の潮の
ように彼の学問は脈々と力強く躍進した。その学
才がいよいよ認められ、福井藩校（明道館）の学
監同様心得に抜擢されることになった。

　先だって、左内は、幼い頃に書いたという『啓発
録』を私に示し、序文を書いてくれないかと頼んで
きた。読んでみると、どの箇所も忠孝の精神で満ち
ている。その上、行間からあふれんばかりの気概は
読む者を勇気づけ、読む者の心を奮い立たせる。
末尾に記された年号を頼りに、いつ書かれたのかと
指折り数えてみると、10年ほど前に遡る。吉田東篁
先生の下で一緒に学んでいた頃である。横で門弟
たちが激しく議論を繰り広げていた頃のことである。

学問の根本は忠孝の精神である。このことに10年も前から気づいていたのだから、彼の学問が躍進し続けるのは当然である。躍進するのはどうしてなのか、ずっと引っかかっていたが、『啓発録』を読んで合点がいった。思い返せば、私を含めて当時の門弟たちは派手に騒いで気力と感情を吹き飛ばしていた。しかし左内は発散させず内に蓄えた。蓄えられた気力が歳を追うごとに学問において発現したのである。

　左内は藩校の学監同様心得として、これまで学んできたことを実行に移す立場にある。多くを語らない門下生であったが、学んだことを社会で役立つものにした。激しい論弁で気力をなくした門弟たちと比べたら、その優劣は明らかである。『啓発録』を読むと自らの恥ずべき様が思い起こされ、しばらく顔が赤くなった。この恥じらいの気持ちを書き記し、序文とする。

　　1857年5月12日

　　　　　　　　　　　矢嶋嶂

啓発録

去稚心──未熟さを捨てる

　未熟さとは幼稚さのことで、精神的に幼いこと
を意味する。果物でも野菜でも青く熟していない
と味気ない。何事も未熟なうちは実を結ばず、未
完成なのである。

　幼稚な子どもは、外で遊んだり、虫を捕まえた
り、甘い物を食べたりすることで頭がいっぱいで
ある。楽することができないかとか、勉強、稽古
をさぼることができないかと考えてばかりいる。
その上、親に甘える。父や兄が怖いと母にしがみ
つく。こうした大人げない振る舞いは、精神的な
幼さから来ている。幼いうちは子どもじみていて
も許されるかもしれないが、13、14歳になって
学問を志すようになったら、未熟さは取り除くべ
きである。未熟なところが少しでもあると何をし
ても伸びず、立派な人物として成長できない。

　かつての封建時代には、12、13歳の若さで親
の膝元を離れて初陣し、手柄を立てて世に知られ

た者もいた。未熟さを打ち捨てていたからこそ成し得たことである。未熟なままであったら親と訣別はできなかったであろう。ましてや輝かしい戦功をあげることなどできなかったであろう。

　未熟さは士気にも悪影響を及ぼす。武士に未熟さが残っていると、思うように士気が上がらず、武士の気概に欠けるのである。未熟さを振り捨てることがその名にふさわしい武士となる第一歩と言える。

振気――気力を奮い起こす

　気力とは、負けてたまるかという負けん気と、敗北や不名誉を恥じる思いから生じるものである。気力を奮い起すとは、いかなる状況でも気を張って屈するまいと気構えることである。気力は、鳥獣を含め、あらゆる生き物に備わっている。動物はひどく気が立つと攻撃的になる。人が辱めを受ければなおさらのことである。人の中で最も血気

盛んなのが武士で、その気力は士気として一般に知られている。いかに年若な武士であれ、その士気には凄みがあり、若侍とてなめてかかる者はいない。武術や身分に怯えるのではない。

　しかし武士の威勢は太平の時代が続くにつれて弱まった。武家に生まれながらも武道の稽古をおろそかにするようになった。武士が人のご機嫌を取り、立身出世を願い、女色に溺れる世の中である。利己的な武士もいれば大勢に従う武士もいる。負けじ魂がないどころか、負けを恥と思う気配もない。本物の武士であるかのように刀を携え武張ってみても、行商人や使い走りの小僧のような町人の方が立派である。雷が鳴ったり犬が吠えたりしただけで尻込みするようでは武士の名に恥じる。

　人々は武士に対して敬称を使うが、敬意を表してそう呼ぶわけではない。武士が仕える領主の威厳に敬服しているからにすぎない。昔の武士は、普段は野良仕事をしていたが、いかなるときでも恥とは何かを心得て不撓不屈の精神があった。有事の際には、すぐさま農作業の手を止め、帝、将

軍の仰せの通り軍務に服し、闘志みなぎる兵ども
の陣頭指揮をとった。勝てば名を成し、負ければ
屍は野ざらしである。武士が尊敬され崇められた
のは富と地位の誘惑に負けなかったからである。
危難、困難に物怖じせず果敢に立ち向かったから
である。

　今の武士には勇猛さも道義心もない。戦略的に
考える頭もない。当然、敵陣に突進して武功を立
てたり、勝利を勝ち取る戦略を練ったりできるわ
けがない。刀を奪われたら一般庶民にも太刀打ち
できない。とりわけ気力と慎重さにおいて勝ち目
はない。百姓は日々農作業に精を出し、職人や商
人は絶えず仕事のことを考える。争乱が起きても
伝説の英雄たちのように偉業を成し遂げるのは骨
身を惜しまないこうした人々であろう。安閑と暮
らす武士では無理である。実に嘆かわしい。

　覇気のない武士でも、主君が惜しみなく目をか
けてくださるおかげで、高位、高給を授かり気楽
な生活を送ることができる。しかし何か事が起き
たら、彼らは恩義に報いるどころか主君の顔をつ

ぶしかねない。こんなことを考えれば心苦しくなって、ろくに寝たり食べたりできないはずである。我々の先代は国家のために奉仕し、ひときわ力を尽くしたものだ。今となっては国家に大きな貢献をしなくても俸禄と家屋敷は授けられる。学問に励み、忠義の心を培い、主君の恩義に報いるべく努力するのが人の道であろう。

　忠義を保ち続けるには気力を奮い起さなければならない。気力は志がないと徐々に勢いがなくなる。氷がやがて解け、酔っ払いの酔いが醒めるのと同じである。従って、気力を奮い起こした後は志を立てることが不可欠である。

立志──志を立てる

　志とは、心が向かうところ、人生で達成したいと心に誓う目標のことである。武士として育った者なら忠孝の精神があるはずである。そのように主君と親に礼を尽くすのが大事なことだと心得て

いたら、まずは自分を大切にして己を律しようと思うであろう。学問武芸に身を捧げ、古代の英雄や賢人たちを目指して同じくらい偉くなろうと思うに違いない。さらには主君のために力の限りを尽くし、国益になると思うことをなし、武勲を立てて親の名さえ知らしめたいとも考えるであろう。これといった目的もなく、のらりくらり暮らしたいとはまず思うまい。人生における志はこのようにして輪郭がはっきりしてくる。

　志を立てるとは、何を成し遂げたいのか意志を固め、それを堅持するということである。目標が定まるのは、本を読んだり先生や友人から教えを受けたりしたときである。困難に立ち向かい、心を動かされるからである。だらだら過ごし、気が緩んでいては志が何なのか見えてこない。志がなければ魂のない虫けら同然である。志がないと人は伸びない。肥料によって草木の生長が早まるように、志によって人も伸び続ける。歴史に残る聖人君子でも目と口の数は普通の人と変わらない。違うのは雄大で確固たる志を立てた点であり、そ

れがために国中に名を馳せるに至ったのである。多くの人は大業をなすことなく一生を終える。志を立てても聖人君子ほどの志ではないからである。

　志を立てた者は、言ってみれば、江戸行きを決めた旅人である。足が丈夫でない者でも、江戸を目指して歩き続けたら、日ごとに江戸に近づき、やがては江戸にたどり着く。英雄や聖人になるということは江戸にたどり着くようなものである。偉くなろうと志を立てた後は、知識や技能が最初は足りなくても、偉人としてふさわしくないところを取り払っていけば、心に定めた目標にいつか必ず到達する。

　志を立てるとき、目標まで道がいくつもあるからといって気を取られてはならない。道は一つに絞るべきである。例えば、家の戸締りをしないでおくと、あちこちから野良犬や盗人がやって来る。無施錠の家を一人で見張ることはできない。家の見張りなら誰かに助けてもらえばよいが、心の見張りとなるとそうともいかない。自分で自分の心を見張るには目移りは禁物である。子どもの場合、

周りがしていることで気が散るのも無理はない。誰かが書き物をすると自分も同じようにしたくなる。仲間が槍の稽古を始めると剣の稽古を放り出して槍に手を出す。志半ばで終わるのは、あれこれ目移りするからに他ならない。

　物心がつく頃になったら、人生で実現したいことは何なのか、その目標を達成するには何をしたらよいのか、まず自分に問うてみるのがよい。その上で先生や友人に指導と助言を仰ぐのである。肝心なのは一つのことに打ち込むことである。目移りすると何をどうすればよいのか分からなくなる。注意散漫だから心が定まらないのである。心が揺らぐうちはまだ志に目鼻が付いていないということである。一心に確たる志を立てないと偉くはなれない。

　古典や歴史書を読んで感じ入る表現や格言があれば、目に入る壁面や普段使う扇子に書きつけておき、あらゆる機会に意識するとよい。志を立てるときの近道となる。そして自らを省み、自己成長につながると思って弱点克服に努めるのである。

志を立てた後は勉学に励むべきである。学業を怠ると志が揺らいで目標に到達できなくなる。おまけに知性も道徳心も鈍ってしまう。

勉学——根気強く学ぶ

　学ぶとは、優れた人物の優れた振る舞いを見極め、自ら実践することを意味する。従って「学ぶ」という語の第一義は、忠孝の精神に則った品行だと感づいたようなときに、その人の美徳に倣うということである。この本来の意味は後になって誤解され、学ぶことが詩文を作ったり読書したりすることを指すようになった。読み書きは勉学に付帯するものである。ちょうど刀を支える柄鞘、二階に上がる梯子や階段のようなものである。勉学と読み書きを一緒くたにするのは見当違いである。

　学業の目的は二つある。忠孝の精神を培うことと文武両道を目指すことである。忠義と孝行の念

を忘れず、学ぶことに専念しなければならない。平時において藩主に仕えるよう命じられたら、主君の過ちを正し、主君の徳を高めるべきである。公務を司る役を任じられたら、贔屓、収賄といった不正を働くことなく、業務を申し分なくこなすべきである。そのような労働倫理と堂々たる働きぶりは職場で評価され、周りから一目置かれる存在となる。

　しかし戦時下では、外敵からの防護と社会騒乱の鎮圧にめいめいの任務を果たすことになる。勝利を導くために戦場で刀や槍を振り回す者もいれば、敵陣を壊滅させるために本営で戦略をめぐらす者もいる。あるいは、部隊の飢えと戦力喪失を防ぐべく食糧と兵器の調達役となるかもしれない。こうした非常事態にも備えなければならない。

　これらの任務を遂行するには古今の幅広い知識が必要なことが多い。情勢は絶えず変動する。情勢に応じた戦略にあまねく通じていなければならない。だからこそ勉学に一心に打ち込み、読書を通して知識を増やし、精神を陶冶することが重要

なのである。幼いうちは気まぐれで子どもの興味はすぐ失せる。同じことをすると厭きてしまう。本を読んでも長く続かない。何か書いていると思ったら武道の稽古に気が移る。こうした態度は学びの弊害となる。

　根気強さとは、力の限り勉めるということを意味する。固い決意と不断の努力がないと何事も達成できない。学を修めることによって、どのような原則が根本にあり、物事の筋道はどうなっているかがはっきりする。気まぐれな子どものような軽々しい態度を止め、改めない限り、行動原理の本質を理解したり、知識技能を伸ばして社会に役立てたりは到底できない。

　学があることを鼻にかけたり、学問を富と名声のために利用したり、学識をひけらかしたりせずにおれない俗物も多い。そうならないよう自ら気をつけるのは当然のことであるが、自重する上で良き友の忠告は大いに役立つ。選び抜いた友人であれば品行を正してくれるばかりか、長所を伸ばし、徳を高めてくれるからである。

択交友——友人を選び抜く

　友人とは、付き合いのある仲間のことである。友人を選び抜くとは、最良と思われる仲間を見抜き、念入りに選び出すことである。仲良くしてくれる友人がいるのであれば、その友情は大切にしなければならない。ただ、友人の中には自己成長を後押ししてくれる益友もいれば、そうでない損友もいることに注意すべきである。だからこそ誰と付き合うかの吟味が大事なのである。損友に難点があるのに気づいたら、教え導いて正してやるべきである。益友になりそうな相手がいる場合は、親交を深め、機会あるごとに助言を求め、兄弟のように接するとよい。益友を見つけることほど難しいことはないからである。もし一人でも心当たりがあるなら、何としてでも交友関係を続けるようにすべきである。

　友情は、ともに勉学に励んだり、武道の稽古で切磋琢磨したり、武士道について意見を交わした

りといった間柄から深まるべきものである。一緒に飲食したり、遊びに出かけたり、釣りをしたりといった他愛もない付き合いは友情を築く上では好ましくない。そうやって知り合った仲間は、確かに、親しみを持って接してくれるし、愛想もよく気兼ねなく付き合うことができる。しかし普段、長所を伸ばしてくれる仲でもないし、困ったとき救いの手を差し伸べてくれる仲でもない。距離は置いた方がよい。会うにしてもくだけすぎて品位を損ねないようくれぐれも注意したい。友人として損友にしてやるべきことは、正しい道に導き、学問武芸に目を向けさせることである。

　益友は気難しくて人に不快な思いをさせることもある。だからこそ自分を成長させる上で頼りになるのである。中国の古典にある通り、過ちを諭してくれる友人がいる限り名声を失うことはない。ここで言う友人とは益友のことに他ならない。間違ったことをしたとき、益友ならそれを咎め、過ちや欠点を見逃すことなく直してくれる。仮に過失を諌める臣下がいても、領主がその臣下を遠ざ

86

け、聞く耳を持たなかったとしよう。結果として領主は自らの不正を償うために厳罰を受ける羽目に陥るかもしれない。自らの過失のせいで災難に見舞われるかもしれない。あれこれ言われるのが嫌で益友を避ける者がいたら、この領主と変わらない。

　益友と言える人物は、実直さ、義理堅さ、潔さ、聡明さ、寛大さといった基準に照らせばおよそ見当がつく。傾向として、こういう気質の持ち主は付き合いにくく、人から煙たがられる。一方、損友は口のうまいご機嫌取りで、人当たりもよく親しみやすい。その世才と持ち前の性格で大衆受けするかもしれないが、損友の性分はお調子者で落ち着きがない。立派な人物になるのだと心に決めたら、誰と付き合えばよいか厳しい目で友人を選び抜くべきである。

著者注

　以上、五つの心得は、若者が学問を志す上で肝

に銘じておくべきことである。私は父の指導を受けて中国の古典と歴史書を幅広く読んだ。しかし一向に成長しない気がし、毎晩寝る前に涙を流した。気弱でだらしなかったのである。それでも心の中では、どうしたら親の名を世に顕すほど偉くなれるだろうかと必死に考えていた。どのように主君のお役に立つのがよいだろうか、先人の功績をどうやって世に示したらよいのだろうか。これらを実現するために大事なことがようやく分かってきたので、備忘録として、自己啓発の五訓を書き記したまでである。人に見せようなどとは考えていない。

　私は医者の家の長男として生まれた。こまごまと医学の知識と技術を身につけ、家業を継がなければいけない身である。しかし医者になるのは本望ではない。生きているうちに実現したいことを追求できないのが無念でならない。とは言え、いつの日か、私の心の内を理解し、志半ばの生涯に胸を痛め、私の奉じた信念に同じてくれる人がいるにちがいない。

著者後記 (1857年)

　この『啓発録』は10年ほど前に書き記した教訓である。浅知恵ではあるが、その頃、どれほど気力をみなぎらせていたか、当時の意気込みが懐かしい。気力に関して言えば、今の自分は昔の自分にはほど遠い。草稿は、たまたま古い文箱の中にあったのを見つけたものである。何かの手ほどきか発奮材料になるかと思い、親友の溝口辰五郎と弟の琢磨に清書してやった。10年前の私なら覇気があったが、この間に衰えてしまった。10年先はどうなっていることだろう。自分で書いたものを読み返すと顔から火が出る思いである。

　　1857年5月

　　　　　　　　景岳（橋本左内）

［訳者プロフィール］

森英樹（もり・ひでき）

三重県生まれ。大阪大学大学院文学研究科文化表現論（英語学）博士後期課程修了。現在、福井県立大学学術教養センター教授。専門は言語学・英語学。日英語対照研究と英語教育に携わる。主な著書として『ポスト／コロニアルの諸相』（分担執筆）彩流社（2010年）、『意味と形式のはざま』（分担執筆）英宝社（2011年）、『英語学の深まり・英語学からの広がり』（分担執筆）英宝社（2020年）、『ことばの容』『ことばの画』『ことばの井』森（英）研究室（2022年、2023年、近刊）などがある。

Sairyusha

英訳 橋本左内『啓発録』——自分を高める五つの心得

2024年3月5日　初版第1刷

訳者―――森英樹

発行者―――河野和憲

発行所―――株式会社 彩流社
　　　　　〒101-0051　東京都千代田区神田神保町3-10　大行ビル6階
　　　　　［電話］03-3234-5931　［ファックス］03-3234-5932
　　　　　［URL］https://www.sairyusha.co.jp
　　　　　［e-mail］sairyusha@sairyusha.co.jp

印刷―――モリモト印刷（株）

製本―――（株）難波製本